PABLO NERUDA
UMA ENTREVISTA IMAGINADA

Editora Appris Ltda.
1.ª Edição - Copyright© 2023 do autor
Direitos de Edição Reservados à Editora Appris Ltda.

Nenhuma parte desta obra poderá ser utilizada indevidamente, sem estar de acordo com a Lei nº 9.610/98. Se incorreções forem encontradas, serão de exclusiva responsabilidade de seus organizadores. Foi realizado o Depósito Legal na Fundação Biblioteca Nacional, de acordo com as Leis nos 10.994, de 14/12/2004, e 12.192, de 14/01/2010.

Catalogação na Fonte
Elaborado por: Josefina A. S. Guedes
Bibliotecária CRB 9/870

L732p 2023	Lima, Diogenes Cunha Pablo Neruda : uma entrevista imaginada / Diogenes Cunha Lima . – 1. ed. – Curitiba : Appris, 2023. 149 p. ; 21 cm. Inclui referências. ISBN 978-65-250-4344-9 1. Neruda, Pablo, 1904-1973. 2. Poesia chilena. I. Título.
	CDD – Ch861

Livro de acordo com a normalização técnica da ABNT

Appris
editora

Editora e Livraria Appris Ltda.
Av. Manoel Ribas, 2265 – Mercês
Curitiba/PR – CEP: 80810-002
Tel. (41) 3156 - 4731
www.editoraappris.com.br

Printed in Brazil
Impresso no Brasil

Diogenes da Cunha Lima

PABLO NERUDA
UMA ENTREVISTA IMAGINADA

FICHA TÉCNICA

EDITORIAL
Augusto Vidal de Andrade Coelho
Sara C. de Andrade Coelho

COMITÊ EDITORIAL
Marli Caetano
Andréa Barbosa Gouveia (UFPR)
Jacques de Lima Ferreira (UP)
Marilda Aparecida Behrens (PUCPR)
Ana El Achkar (UNIVERSO/RJ)
Conrado Moreira Mendes (PUC-MG)
Eliete Correia dos Santos (UEPB)
Fabiano Santos (UERJ/IESP)
Francinete Fernandes de Sousa (UEPB)
Francisco Carlos Duarte (PUCPR)
Francisco de Assis (Fiam-Faam, SP, Brasil)
Juliana Reichert Assunção Tonelli (UEL)
Maria Aparecida Barbosa (USP)
Maria Helena Zamora (PUC-Rio)
Maria Margarida de Andrade (Umack)
Roque Ismael da Costa Güllich (UFFS)
Toni Reis (UFPR)
Valdomiro de Oliveira (UFPR)
Valério Brusamolin (IFPR)

SUPERVISOR DA PRODUÇÃO
Renata Cristina Lopes Miccelli

ASSESSORIA EDITORIAL
Tarik de Almeida

REVISÃO
Stephanie Ferreira Lima
Nouraide Queiroz

PRODUÇÃO EDITORIAL
Bruna Holmen

DIAGRAMAÇÃO
Bruno Ferreira Nascimento

CAPA
Lívia Weyl

REVISÃO DE PROVA
Raquel Fuchs

Para Nouraide Queiroz,
que encanta e tem a
arte de encantar livros.

PREFÁCIO

Temos, por meio do texto literário, todas as possibilidades de encontros e encantos, quer sejam reais quer sejam imaginados. Enveredando-nos pelas palavras que se revestem de sentidos mil, inebriamo-nos, como bacantes, ao sabor/saber das multifacetadas atividades que nos são permitidas pela via do imaginário.

Traçando um percurso pela construção da "entrevista imaginada" com Pablo Neruda, tão bem delineado pelo escritor Diogenes da Cunha Lima[1], vão se abrindo diante de nosso olhar as cortinas do palco, em cujo cenário encontram-se, frente a frente, dois grandes poetas que, ignorando limites de tempo e espaço, conversam e nos presenteiam com suas percepções de ser e de estar no mundo. Assim, somos convidados a experienciar a fascinação que emana do fazer literário, imanente aos poetas que, de forma lapidar, lidam com as palavras.

Neste livro, *Pablo Neruda: uma entrevista imaginada*, Diogenes, com sua poeticidade, já nos apresenta, simbolicamente, Neruda com um dos nomes a ele atribuído: "Condor do Chile", ave representativa da força, da grandeza, da longevidade, como também da imortalidade. No campo mítico, a morte dessa ave gigantesca acontece quando o condor, ao se sentir velho e sem forças, procura estar no mais alto de uma montanha, de onde se deixa cair até o fundo dos rios. Dessa queda, retorna ao ninho, em alguma montanha, e renova-se, efetivando o "ciclo da vida".

Na entrevista ora imaginada por Diogenes, inferimos essa renovação cíclica à vida do poeta. Nesta obra, o autor reúne temas diversos, a partir dos escritos deixados pelo "Condor do Chile", no legado poético

---

[1] Diogenes — assim mesmo — sem o acento agudo na letra "o", como de registro é o seu nome.

de uma existência repleta de amor aos elementos da natureza, à vida e à sua Matilde! Propicia-nos, por meio de um percurso pela trajetória vivida por Neruda, unindo passado e presente na atemporalidade do texto literário.

Para a grata surpresa do leitor, além de toda a cena evocada em nosso imaginário, este livro presenteia-nos, ainda, com diversos *QR Codes*, ao longo da leitura, a fim, justamente, de oferecer uma experiência extra a quem embarca neste voo, descobrindo um pouco mais sobre detalhes e curiosidades da vida do "Condor do Chile".

Diogenes, ao escolher o texto para esta "entrevista imaginada", num percurso inverso, ao costumeiramente realizado por um entrevistador, dedica-se a encontrar as respostas (nos escritos deixados por Neruda) às perguntas possíveis, atribuindo ao seu texto um movimento de mimese e de verossimilhança.

Alçando o voo por ares nerudianos, Diogenes nos conduz a diversos campos em que contemplamos as paixões do poeta, como as "Aves", o "Amor", a sua "Matilde", a "Amizade", a própria "Poesia", a "Natureza", as "Águas"... a representatividade do quão imenso é Neruda, o poeta e o homem, que vive seus amores, suas amizades e diplomacias, carrega lembranças e sentimentos elevados. Enfim, chegamos a "Despedidas", capítulo que encerra este ciclo, fechando-se, assim, as cortinas do palco em que se apresentam esses dois grandes poetas.

Nouraide Queiroz

(Procuradora da Justiça do RN, escritora e crítica literária).

SUMÁRIO

AVES   13

O AMOR   23

MATILDE   31

AMIZADES   37

POESIA   43

A NATUREZA   53

ÁGUA   59

CHILE   63

ARQUIPÉLAGO   69

CIDADES E VIAGENS   75

CORPO E ALMA   89

BIOGRAFIA   99

DIPLOMACIA   109

LEMBRANÇAS DISPERSAS   115

LIVROS E ESCRITORES   125

SENTIMENTOS ELEVADOS   133

DESPEDIDA   137

POSFÁCIO   141

REFERÊNCIAS   145

— Buenas noches, yo soy Pablo Neruda.

Depois do cumprimento à minha filha, Karenina, ele entrou na biblioteca e repetiu a frase. Conferi o vulto espectral que se aproximava. Tinha porte médio, nariz e barriga proeminentes, lento nos passos e nos gestos, olhos tristes, mas luminosos. Vestido impecavelmente de azul diáfano, que se harmonizava com os grandes sapatos de lã amarelos. Retirou a boina gris de feltro, revelando os escassos cabelos lisos.

— Boa noite, meu mestre. Seja bem-vindo. Estou feliz com a surpresa. Tantas vezes pedi que viesse a Natal, mas não acreditava mais que você (permita-me o tratamento afetivo pelo bem-querer) aparecesse. Estou aqui para conversarmos.

Ele, com leve sorriso, acrescentou que gostava de retribuir. Nunca imaginei que o poeta chileno respondesse às minhas indagações e perplexidades, as 312 provocações oníricas. *Libro de Las Preguntas* e *Livro das Respostas*, se tivesse tido conhecimento anterior, certamente, teria qualificado de ousadia.

Aproveitei o silêncio que se seguiu, mais que eterno, para perguntar se eu poderia iniciar a entrevista.

— Vamos começar?

AVES

CHAMADO DE CONDOR DO CHILE, VOCÊ VOA COM AS AVES.

Você hoje voa. Já foi pássaro?

Fui, sem dúvida, um menino pássaro. Voava na escuridão clara. Era pássaro de uma pena só.

Foi educado por pássaros?

Canários me educaram com o seu canto.

Então, estudava as aves ou com as aves?

Estudei pássaros vestidos de areia ou vestidos de azul e branco. Sem preconceito de cor. Pescadores, cinzentos sabiás, pintassilgos amarelos, rouxinóis e vibrantes colibris.

PABLO NERUDA: UMA ENTREVISTA IMAGINADA

Conviveu também com andorinhas?

A minha casa na Isla Negra era a casa delas. Voavam com a virtude de dançarem no céu do oceano.

Os pássaros noturnos cantam?

Eles bicam as primeiras estrelas que cintilam.

Como definiria as aves do Caribe? Algumas são realmente especiais?

São pedras preciosas. Habitantes do ar e das folhagens. O vencejo, veloz, vela ao vento.

Que podemos dizer aos insensíveis sobre essas aves do Caribe?

Convido a todos à prática de *birdwatching*[2], celebrando os pássaros da região.

Você era um observador da migração das aves. Como voavam?

Vi um esquadrão de plumas, a onda serena quase multiplicada dos pássaros em busca das ilhas amarelas, onde o sol dura mais que sua morada.

Que razão impulsiona essa migração?

O império de amor e da geometria, a erótica urgência da vida.

---

[2] Observação de Aves.

Acredita que tem poder o albatroz?

Nas alturas navega o vento dirigido pelo albatroz. Ele é responsável pelo Estatuto do Vento.

Que reflexões fazem os pelicanos?

Juiz impassível no mar, o pelicano resolve problemas profundos, como a capacidade alimentar do oceano, a repetição das ondas, as coordenadas do vento.

O que é um cisne?

Pode ser simplesmente uma pergunta negra.

E a codorniz?
Uma flor de plumas.

O que o condor faz nas alturas?
Com sua plumagem mística, picota o zinco do céu.

Você também observava os pássaros sanguinários?
Sem dúvida. Águias inseparáveis das montanhas do Chile, policiais ingleses de peito auro, gaviões imóveis suspensos no céu.

Dizem que as águias não fitam as flores.
Conheço o idioma desses pássaros amargos, espada das Cordilheiras. Em sua solidão, eles não se importam que as rosas floresçam.

Soube que não tem simpatia pelo carcará, a quem chama de bambatuque. Uma canção* de João do Valle diz que é um pássaro malvado que pega, mata e come os animais novos. É isso mesmo?

É um pássaro ganancioso, pálido, feito de arame.

Teve oportunidade de observar o suave voo dos flamingos?

Quando menino, em perdido lago, vi um anjo rosado, era como feito de plumas, eram de pétalas suas asas.

As perguntas das garças tiveram respostas?

Somente Pisinoe, se encarnada, conseguiria decifrar suas indagações. De minha ilha, observei a seda branca dos seus vestidos e o seu corpo de neve pescadora.

**Canção Carcará*

Por onde anda o pássaro que você chamou de o pequeno deus amarelo?

O pintassilgo* voa veloz com o vento, trazendo o violino da primavera, a luz, o dia e o ouro.

Os beija-flores o comoviam?

Voando em cristal, os colibris comovem esmeraldas luminosas e a perdiz de alma verde, de menta. Como eu não me comoveria?

O beija-flor multiplica?

Numa sílaba de esmeralda, de flor em flor, dissemina a identidade do arco-íris.

Você temeu o mal de ojo de um pinguim?
Um pinguim me olhou com olhos velhos de mau. Passei a me sentir um invertebrado rastejante, pertencendo àquele ser vertebrado vestido de noite e de neve.

O poeta brasileiro Gonçalves Dias, exilado, fez um poema muito recitado: "Minha terra tem palmeiras onde canta o sabiá, as aves que aqui gorjeiam não gorjeiam como lá". Como exilado latino-americano, lembrou-se do sabiá?
O sabiá conduz sua guitarra em nosso continente. Com suas botas de pele amarela, às vezes, torna-se melancólico. Por ter tantos dons naturais, ele também percorre o perfume do Chile.

**Canto do pintassilgo*

Conhece alguma superstição do urutau, a mãe da lua?

É chamado "outubrista", porque nasce e vive eternamente azul em outubro. Pássaro charmoso modula o canto com sete notas de cobre, sete notas de prata, sete notas de chuva.

Os pássaros são convidados pelas coloridas flores do açafrão?

A altaneira rosa do açafrão exibe sua flor rósea e seu ouro. A rascarrosa rasga a flor e navegando vai para o Sul, precedida pelo aroma de muitas rosas arrasadas.

Cite um pássaro do Brasil.

Fui presenteado com um sofrê*. Tinha plumagem com raios amarelos e relâmpagos negros. Não soube viver em terra astral. Com tristeza, enterrei-o no jardim.

*Sofrê ou corrupião
ou concriz*

O AMOR

NINGUÉM AMOU MAIS O SER HUMANO,
A NATUREZA, AS MULHERES.

Você muito amou. Esteve alguma vez apaixonado?

Um poeta deve estar sempre apaixonado até o último dia de sua vida. Claro que aconteceu comigo.

O que significa o amor total?

É um combate de relâmpagos, mas pode ser uma viagem com lua cheia e estrelas.

O que procurou no amor?

A eternidade.

O amor é fugaz?

Quase sempre. Lamento reconhecer que seja tão curto o amor e tão longo o esquecimento.

Uma declaração singular à amada...

Eu a comparei a um ovo nascido de condor das cordilheiras. Uma asa da ave relâmpago. Uma coleção de todas as folhas de outono.

Onde sentia a presença da amada?

Parecia-me que no relógio estava e que o espelho a escondia.

De que são feitas as mulheres?
De matéria indispensável à vida.

Como costumava tratar as mulheres?
É da minha natureza o devotamento amável.

Como seria construir uma mulher?
De argila, com as mãos de ceramista, arte do meu amigo Picasso.

Para onde caminham as mulheres?

Para um lugar secreto em que possam ser encontradas.

Onde colocaria o nome da mais amada?

Ponho a sílaba lisa que forma seu nome no céu estrelado do sol e da lua.

Sua biografia amorosa oficial e aleatória pode ser resumida?

Tive três esposas, uma delas definitivamente amada. Não devo contar sobre as infinitas amantes.

Como asas eram as mãos da amada?
Sua maciez voava sobre a primavera.

O que a você negou a sua amada?
Ela poderia ter negado o pão, o ar, a luz da primavera, mas nunca me negou a seu riso, que brilhava como uma espada novinha em folha.

Alguma mulher, senhora da arte da sedução, recusou amá-lo?
Certa mulher me abandonou. Com o tempo, pouco a pouco, transformei-a numa cereja.

Você esteve apaixonado por uma morena?
Sim. Ela era feita uva roxa, de nácar negro, e me açoitou o sangue.

Como foi seu primeiro casamento?
Amei sem saber como, nem onde, nem quando. Chamava-se Maria Antonieta Hagena, para mim Maruca, uma mistura de holandesa com Malaia. Era uma mulher altíssima, suave e silenciosa. Meu destino foi amá-la e dizer adeus.

E o seu segundo casamento?
Com Delia Del Carril, a Hormiguita. Aluna de Leger, abandonou a pintura, como havia abandonado a aristocracia para ser dona de casa, cuidar dos meus poemas e editá-los. Mas foi meu destino, repito, amar e dizer adeus.

MATILDE

MATILDE MUSA,
A AMADA.

Você dedicou à Matilde memoráveis poemas de amor. Além de amor, o que ela lhe ofereceu?

Matilde cantava com voz poderosa de soprano as minhas canções. Dediquei-lhe tudo que escrevi e tudo que tive. Não era muito, mas ela ficou contente. Da terra, trouxe para mim todas as raízes, todas as flores, todos os frutos fragrantes da felicidade.

Quem oficiou, em Capri, o seu casamento com ela?

A lua cheia. Juramos que respeitaríamos nosso matrimônio como o mais sagrado. A lua abriu sua boca para nos abençoar e, então, cantamos o "Hino Nupcial"*, de Lohengrin.

Confirma que Diego Rivera retratou seu amor clandestino com Matilde quando ainda estava casado com Delia Del Carril?

Diego, muito amigo, poderia ter duplicado a minha face.

Alguma mulher o fez imaginar atuando numa nova profissão?
Cabelereiro. Em La Cascona, imaginei fazer a celebração dos cabelos ruivos encaracolados de Matilde.

A que serviram os cabelos de Matilde?
Seus cabelos foram a luz do meu caminho.

*Marcha Nupcial

Os pés de Matilde?
Brilham como peixes prateados.

A cintura de Matilde?
Era de fogo em minha cintura.

Que lhe fizeram os lábios de Matilde?
Com os beijos que aprendi de tua boca, aprenderam
meus lábios a conhecer o fogo.

Como costumava esperar a amada?
Com flores em nosso leito.

Que virtude ela lhe transmitia?

A extrema ternura.

Que amava no seu corpo?

Seus grandes olhos pardos, a grande boca, a pele, os peitos, o ventre, as mãos compridas e, enfim, sua alma que eu despertei.

Eram poderosos os olhos da amada?

Nos olhos de Matilde caberiam países, rios, a minha pátria.

Qual a geografia de Matilde?

Araucama, amor, meu território de beijos e vulcões.

Quando estava triste, a amada era um consolo?

Seu riso antecipava o céu, abria para mim as portas da vida.

Finalmente, quem foi Matilde?

Senhora minha muito amada. Esse nome foi a água de um rio que desaguava em meu coração.

AMIZADES

Amizades dizem do poeta, não é?

O que é um amigo?

É uma rosa branca que se abre em silêncio. Se tem fome, compartilhamos o mesmo pão.

Que poder tem a amizade?

Tem força para afastar a solidão, que nem sempre é boa companhia.

O que você ofertou a seus amigos?

Dediquei-lhes a minha alma interior. Com suas brancas avenidas e canções.

PABLO NERUDA: UMA ENTREVISTA IMAGINADA

Recorde sua amizade com Jorge Amado.

Fomos velhos amigos, compartilhamos anos de desterro. Nas nossas viagens, o romancista brasileiro costumava fazer comentários cruéis e debochados.

Sua amiga Zélia Amado era bem-humorada?

Jorge podia até ficar melancólico, mas Zélia tinha um humor sereno que lhe permitia passar pelo fogo sem se queimar.

O muralista Diego Rivera também era seu amigo. Como foi a visita dele a Santiago?

Esplêndida. No meu lar, em guache, ele retratou a dupla cabeça de Matilde, com os seus cabelos encaracolados. Ironizando a minha momentânea dupla união.

Rivera descobriu o fantástico em sua amada?

A esmeralda do bosque e o vermelhão, flor súbita do sangue. Recolheu a luz do mundo em um retrato.

Ele era um mexicano típico?

Tinha olhos empapuçados, olhos de índio. Alguma coisa nele revelava também sua origem judia.

Lembra das amizades literárias parisienses?

Paul Éluard e Aragon. Muito diferentes um do outro. Perdi muito tempo com Paul. Se os poetas respondessem de verdade às indagações, revelariam o segredo: não há nada tão belo quanto perder tempo. Aragon era uma máquina eletrônica da inteligência, do conhecimento, da virulência, da velocidade eloquente. A sua poesia é a mais bela da língua francesa. Da casa de Éluard, saia sempre sorrindo, sem saber de quê. De algumas horas com Aragon, saia esgotado, porque o diabo do homem, peço perdão, obrigava-me a pensar. O que mais gostava neles era da grandeza antagônica.

Como conseguiu retornar a ser Neruda depois de entrar na França como Asturias?

Picasso, tão grande de gênio quanto de bondade, lutou bravamente e conseguiu a minha reconversão. Recebi também o apoio de Aragon e Paul Éluard e, finalmente, do poeta Jules Supervielle.

Com Picasso visitou a Provence, Côte d'Azur?

Vimos moças cor de aveia. Quando caminhávamos, notei que os guardiões do fumo estavam adormecidos, e, pelos telhados entre vasilhas quebradas, nossa conversa azul.

Na sua visão, que forma Picasso dava à cerâmica?

Picasso transformava. Cozendo, polindo, rompendo, até que o barro se tornava cintura, pétala de sereia, guitarra de ouro úmido. E, então, o pincel lambia, e o oceano vinha ou a vindima. O barro entregava seu cacho oculto e, por fim, imobilizava sua anca calcária.

Diga-me um pouco sobre a mitologia picassiana.

Para além das curvilíneas sereias de barro, Picasso forjava os pequenos centauros que o esperavam, cresciam, galopavam.

Você fez algum amigo ucraniano?

Ehrenburg. A polícia chilena dizia que éramos íntimos amigos. Desejava e fui conhecê-lo, apertar sua mão. Mais adiante, Ehrenburg tornou-se um amigo e começou a tradução do meu livro *España en el Corazón*.

Constatou a pobreza de amigos ricos?

Conheci um que era pobre, mas tão pobre, que não suportava os crepúsculos.

POESIA

FALEMOS DE POESIA,
SINÔNIMO DE SUA VIDA.

A poesia convive com a paz?

É sempre um ato de paz. O poeta nasce da paz como o pão nasce da farinha.

Tinha orgulho da sua poesia?

A verdade seja dita: ninguém pode viver sem ter orgulho do que faz.

A poesia que é você de onde veio?

Não sei de onde ela saiu. Talvez, do inverno ou do rio. Sei apenas que foi muito cedo.

A poesia celebra o otimismo benfazejo?

Nem sempre. Lembro Lautréamont, poeta francês nascido no Uruguai, que tem poesia entristecida. Terminou renegando sua face sombria e prometendo fazer uma mudança poética impregnada de otimismo, bondade e tudo o que é saudável. Não conseguiu.

Como ela chegou?

De repente, escrevi a primeira linha imprecisa, sabedoria de quem não sabe de nada. E, de imediato, vi o céu, sem nuvens, vibrante, a sombra perfurada por flechas, fogo e flores.

Lembra do primeiro poema?

Dediquei-o à mamadre, Trinida Candia Marverde, em 1915.

A poesia é abissal?

Tive a imagem do mistério. Eu, minúsculo, sentia-me fazendo parte do abismo, rodopiando com as estrelas.

A que compara o ofício da poesia?

É, em grande parte, voar como os pássaros.

A poesia leva o poeta a ser um torturado?

Não. Ainda que essa tenha sido a opinião de uma camada social, de uma classe. Essa fórmula de lapidar foi obedecida por muitos que se dobraram ao sofrimento imposto por leis não escritas. O poeta se condenava ao tugúrio, aos sapatos rotos, ao hospital e à morgue.

Cite poetas maiores que se autotorturavam.

No final do século XIX, registro o martirológio de Holderlin, lunático e desgraçado. Rimbaud, errante e amargo. Gérard de Nerval enforcando-se em poste de um beco miserável. Dylan Thomas, o último deles.

Quais os poetas que frequentaram a sua residência em Madri?

Muitos, muitos. Federico, Alberti, Luis Cernuda, Miguel Hernández, Vicente Aleixandre, outros menos famosos, mas de dimensão ilimitada.

PABLO NERUDA: UMA ENTREVISTA IMAGINADA

E sua revista *Caballo Verde*?

Total poesia em cinco números. Publicamos poemas de Miguel Hernández, Federico, Cernuda, Vicente Aleixandre, Guillén. Rafael Alberti não gostava do título.

Por que *Caballo Verde*? Não deveria chamar *Caballo Rojo*?

Não mudei a cor. Nem briguei com Rafael por isso. Nunca brigava por nada. Há bastante lugar no mundo para cavalos e poetas de odes às cores do arco-íris.

Como vê a poesia de Paul Éluard?

Transparente como as gotas de chuva de primavera contra os cristais.

A poesia é mistério?

O que chamam de mistério poético eu chamaria de claridade poética.

Algum crítico literário penetrou na sua poesia?

León Ospovat deu à minha poesia perspectiva vindoura, atribuindo-lhe a luz boreal de seu mundo. E Emir Rodrigues Monegal, um crítico de primeira ordem, também foi profundo. E ainda Amado Alonso, que me honrou com a primeira preocupação séria de um poeta meu contemporâneo.

Então, ama a crítica à sua obra?

É natural que minha poesia esteja submetida a julgamento, tanto da crítica elevada, como exposta à paixão do libelo acusatório. Faz parte das regras do jogo.

Às vezes a sua poesia é surreal. Você foi surrealista?

Não. Detestei o surrealismo, quando se tratava da poesia. A poesia pode ser antirrealista, com toda razão, com toda falta de razão, isto é, com toda a poesia.

PABLO NERUDA: UMA ENTREVISTA IMAGINADA

Como se sentiu com dois outros companheiros de poesia na Plaza de Los Poetas, em Valparaíso?

Aqui é o paraíso. Onde estou, continuo na companhia de Huidobro e de Gabriela Mistral.

A poesia elevava à sua autoestima?

A minha poesia estava a serviço da cidadania. É galardão que sempre levei comigo, como uma condecoração. É assim a Poesia, com maiúscula, para ser respeitada.

Seus poemas amadureceram?

A minha obra poética chegou a um domínio substancial das emoções. Retrata minha natural espontaneidade.

O poema pode ser encomendado?

O poeta pode escrever sobre tudo o que for indicado, sobre aquilo que seja necessário para uma coletividade humana. Quase todas as grandes obras da antiguidade foram feitas sobre a base de estritas reivindicações.

O que faz um poeta ser inspirado?

A inspiração mágica e a comunicação do poeta com Deus são invencíveis, interesseiras. Nos momentos de maior transe criador, o produto pode ser parcialmente alheio, influído por leituras e pressões exteriores.

Um poeta escreveu que era pequeno, mas fitava os Andes. Você sabe quem foi?

Ao poeta da liberdade, profundamente lírico, dediquei o poema: "Castro Alves do Brasil", indagando para quem cantas? Para a flor cantaste? Para a água cuja formosura diz palavras às pedras...

Você traduziu os *Estatutos do Homem*, de Thiago de Mello. Como foi a presença do poeta amazônico em Santiago?

Desde a chegada de Thiago ao Chile, produziram-se várias alterações territoriais. O vento Puelche mudou invisivelmente seu rumo e formou figuras rotundas na Cordilheira.

PABLO NERUDA: UMA ENTREVISTA IMAGINADA

Penso que conheceu o poeta Raul Zurita. Ao receber o prêmio que tem o seu nome, disse que "o Chile, antes de ser um país, foi um poema". É vero?

Ele estava certo. A frase era também uma premonição poética. Talvez, por isso tenhamos inumeráveis poetas.

Zurita também afirmou que você foi "o maior poeta da língua castelhana".

Isso poderia aumentar minha autoestima, mas na eternidade não existe isso. Todos somos ciosos. A nossa língua foi instrumento eficaz na criação de muitos notáveis poetas.

A NATUREZA

COMENTEMOS A NATUREZA
DA NATUREZA.

A natureza fala?

Todas as línguas. Por exemplo, procure prestar atenção no idioma das águas.

Que se respira no bosque?

Em silêncio, aspira-se oxigênio verde.

Que lhe causavam os temporais?

Submetido fui ao sol e à chuva, à sua linguagem de violino e à sílaba gelada da ventania.

O que é um deserto como o Atacama?

É o outro rosto da noite.

Para que serve um raio?

O raio ensinou-me que deveria ter tranquilidade e não perder a luz no céu.

Dê notícia do trovão.

Tem luz própria. É majestade.

Em verde floresce uma flor?

Um incêndio verde interrompeu meus conflitos. Era uma bromeliácea, acumulando em uma panóplia suas misteriosas espadas de esmeralda. Uma flor colossal, uma imensa rosa verde da altura de um homem. É a única flor verde imensa. Vi o solitário monumento.

O que disse das flores e do azul?

Zélia Amado afirmou que eu não poderia viver sem o azul do Adriático. Tive em casa uma flor azul, de longo, lustroso e resistente talhe. Em sua ponta balançavam-se as múltiplas florzinhas infra-azuis e ultra-azuis. Não sei se a todos os seres humanos é dado contemplar o mais excelso azul.

Teve dúvidas sobre a importância do abeto ou da amapola?

A folhagem verde do abeto tem aroma agradável e o eleva como árvore. A amapola perfuma e exibe toda a sua beleza retirada das raízes.

Ficou em dúvida entre a orquídea e o trigo?

O trigo alimenta o corpo do homem. As belas orquídeas servem à sua alma.

O sol trabalha à noite?

Durante a noite, o sol organiza seu poder amarelo.

A chuva é um obstáculo?

Descobri que além da chuva estava o mundo. Os livros são as portas.

Onde encontrar a primavera?

Cada sílaba minha trazia a primavera.

Como você a vislumbrava?

Cobre a terra com seu vestido novo, flores e frutos, criadora de intensas paisagens, um afago à humanidade.

ÁGUA

DE ÁGUA SOMOS FEITOS.
COMENTEMOS.

Qual a razão de ter sido tão próximo do mar, do rio, dos lagos?

Para entender os diferentes idiomas da água.

O que oferece o oceano?

Ao homem dá o seu presente prateado, o peixe de cada dia.

E por que tanto mar?

Porque nos meus olhos sempre conduzia oceanos. Lembre-se que o mar criou a vida.

Como você sente a onda marinha?

Percebo a cumplicidade colorida do oceano com a onda.

A sua atração pelo mar o autorizou a se nomear "capitão". Inspirou-se no personagem de Jorge Amado, Vasco Moscoso de Aragão, aquele capitão de longo curso?
Essa pergunta deveria ser feita ao amado Jorge.

Que diz a chuva de agosto?
Diz que da natureza caem lágrimas.

"Idioma das águas"

Você já foi peixe?
Dentro d'água me aborrecia com os peixes. Talvez, eles tenham pensado que eu era um monótono cetáceo.

CHILE

VAMOS AO CHILE DE SU CORAZÓN.

Tornou-se um ídolo no seu país. O que acha disso?

Fico feliz que me amem, mas muitos outros chilenos se elevam à altura das cordilheiras.

Em que país você poderia renascer?

Se eu tivesse que nascer mil vezes, queria que fosse no Chile amado.

De que valeu ao Chile a sua poesia?

De uma forma ou de outra, fiz respeitar, pelo menos em minha pátria, o ofício do poeta, a profissão da poesia.

Quais são as cores mágicas da sua pátria?

As paredes dos Andes brancos, as montanhas prateadas e os tronos verdes dos oceanos.

Por que tanto chorava o terremoto chileno?

Por ser minha pátria de água e de vinho, filha e mãe de minha alma.

Traduza a selva chilena.

Indefinível o verde genital da selva.

Há algum pássaro nativo do Chile?

O tapaculo*. Seu grito transborda e ecoa na intocada selva.

De onde nasce a sua poesia?

Nasceu das profundidades secretas das montanhas austrais e fluiu como torrente de águas do Chile. Aceitou a paixão, desenvolveu o mistério e abriu caminho entre os corações do povo.

Como é a primavera chilena?

É belo o setembro, porque os olhos mapuches mataram o inverno.

Você ama as regiões alpinas?

Sim. Mas me sinto melancólico nas cordilheiras.

Como foi sua viagem à Patagônia?

O vento buscava meu peito, curvando a ramagem da alma. Foi minha hora infinita.

Acontece algo triste com as plantas chilenas?

Os camponeses e os pescadores de meu país esqueceram faz tempo dos nomes das plantas, das pequenas flores. Sem nome, pouco a pouco foram esquecidas e lentamente perderam seu orgulho.

Como foi refazer a arte do arquiteto que projetou "La Chascona"?

Apenas desloquei a casa para que da janela eu pudesse apreciar melhor os Andes.

Você amou La Sebastiana. Valparaíso teve pioneirismo?

Lá se iniciou o universo do vento.

Confirma que há especiais chilenos de figura estranha?

Há homens metade peixe, metade vento. Há outros feitos de água. Eu fui feito de terra.

Uma das epifanias chilenas...

Viva a unidade. Aleluia, alegria. Viva o cobre e o vinho e o nitrato. Viva o Chile!

ARQUIPÉLAGO

VIAJEMOS PELO ARQUIPÉLAGO NERUDIANO.

Você é uma ilha?

Todas as pessoas são ilhas. Fazem parte do arquipélago humano.

Brinde-me com memórias de Capri.

É uma ilha sombra distante do continente, pétalas transparentes de manancial. O rosto é a pálpebra de uma fruta adormecida. Capri me aportou felicidade.

E você na Ilha de Páscoa? Foi mágico?

Eu, poeta obscuro, purifiquei em pedra as angústias.

PABLO NERUDA: UMA ENTREVISTA IMAGINADA

Como ventava nessa ilha?
O vento é um cavalo, correndo pelo mar e pelo céu.

Que outro nome daria para a Ilha de Páscoa?
Naturalmente, Rosa do Mar, Rosa Secreta ou Umbigo de Ouro.

Como era a mulher amada em uma noite da ilha?
Era doce e selvagem, entre o prazer e o sonho.

Mas o que foi buscar na Ilha de Páscoa?
Algo que ali não perdi.

Como se viu na Ilha?
O recomeço das vidas de minha vida.

Quem esculpiu as estátuas de lá?
A noite e o vento.

Fale um pouco mais delas.
As grandes cabeças expressam gravidade ou grande dignidade solitária.

Teve vontade de levar essas estátuas para sua coleção particular?
Sim, gostaria de tê-las erguidas em meu domicílio.

Para que servia a sua casa em Isla Negra?*

Era uma casa de trabalho. Permitiu que eu me entregasse a novos sonhos.

Os sinos tocavam por lá?

Eu já escutava os sinos antes de nascer.

*Diogenes em Isla Negra

Construiu uma estribaria em sua casa para abrigar e modelar o cavalo da sua infância?

O cavalo foi salvo pela segunda vez.

Por que o nome Isla Negra?

Assim a batizei.

CIDADES E VIAGENS

CONVERSEMOS SOBRE CIDADES E VIAGENS.

Considera ter vivido em singulares cidades?

Sim, mas meu coração é silvestre.

Como enxerga a América do Sul?

Às vezes, um continente de bondade, mas quase sempre um continente da injustiça.

Como se sentiu no Brasil?

Um dia acordei dentro de um violento diamante. À noite, o tempo se deteve. E tudo entrou em uma caixa.

Sua impressão sobre a Amazônia.

A capital das ciladas das águas, carregada de esperança verde.

Como foi sua visita a Ouro Preto?

Encantadora. Estive nessa linda cidade com Vinicius de Moraes. Ao saber que minha amiga poeta Elisabeth Bishop teria uma residência mineira, no cardápio de um restaurante chamado Calabouço, escrevi para ela um poema em inglês. Com erros, como deve ser.

Um porto brasileiro.

Santos. Era selvático e cheirava como uma axila do Brasil caloroso.

Por que louvou o Rio de Janeiro?

Descobri que a cidade era uma Naida negra de claridade sem fim, uma esmeralda extraída do sangue. Prometi que eu seria o seu poeta. Dediquei-lhe uma longa ode. Muito mais deveria dizer, mas felizmente outros poetas fizeram belas e merecidas louvações.

Seu nome estampa logradouros nobres do Brasil. Rua Poeta Pablo Neruda, em Blumenau, Santa Catarina; avenida em São Paulo, capital; rua em Campina Grande, na Paraíba; escola modelar em Itaquara, Rio Grande do Sul; e até Condomínio residencial nesta cidade que você visita, Natal. Qual a razão dessas homenagens?

Talvez, porque os brasileiros saibam do meu amor ao Brasil.

Como caracteriza o Uruguai?

A máscara azul do Atlântico. A palavra de pássaro ou o idioma da água.

Que notou de mais estranho na Colômbia?

El rio Cauca, segue perdido ao mesmo tempo em que é vassalo. É o rio mais humano da América Latina. Lá, fiz amizade sólida com Eduardo Carranza (uma amizade com um fascista!). Uniu-nos à Espanha milenar o vinho dourado e a poesia de todos os tempos, ele me disse.

A Colômbia lhe deu algum amigo especial?

É o meu amigo Gabriel García Marquez. Quando ele me entrevistou, adivinhou que eu iria ganhar o Prêmio Nobel.

Que lhe ofertou o Peru?

O Macchu Picchu, nave submergida. Doeu-me na pedra, o ar no ar, o tempo no tempo. Deu-me um poema triste, mas verdadeiro. Se eu tivesse orgulho dos meus poemas, seria dele.

Fale sobre a civilização inca.

O reino morto ainda vive.

O México ilumina?

Ele me cobriu com seu sortilégio e sua luz espantosa. É uma terra de grandes mantas cor de carmim e turquesa fosforescente. Emocionei-me, ao chegar no planalto de Anahuac. O México, no nopal e na serpente, florido e espinhoso, seco e tempestuoso, violento de desenho e de cor, violento de erupção e criação.

Como reagiu ao istmo de Tehuantepec?

É uma região dourada do México, cheira a mel e a açúcar. Observei mulheres vestidas de pássaros.

Como imagina os sacerdotes astecas?

Descendo as escadarias como faisões deslumbrantes.

Há pistolas no México?

É mais fácil extrair um dente de um mexicano do que arrancar sua arma de fogo.

Nos Estados Unidos, você foi feliz?

Aprendi a ser feliz comigo mesmo e com meu companheiro de Manhattan, Walt Whitman. Se tivesse sabido que meu corpo seria exumado e as cinzas levadas para os EUA para o exame toxicológico, teria ficado triste, muito triste.

Quem foi você à Europa?

Um americano vindo das terras pobres. Lá, aprendi a sabedoria do europeu mais simples. Aprendi um pouco de todos e de cada um.

Sentia-se integrado a Paris?

Ninguém sabia que aquela cidade me esperava. Ela, um diadema radiante, guardava em seus tetos os olhos antigos. Passa o tempo e não passa Paris.

Morando perto da Notre-Dame, como a definiu?

Um barco maior que levanta como um mastro a sua flecha de manhã. Assim, vai a nave com seus marinheiros, os cupidos, no imenso antigo.

Que você faria com esse barco?

Nele, eu gostaria de estar no rio Amazonas, vagar pelos estuários e de repente ficar na amada América, até que as videiras selvagens fizessem um novo manto verde sobre a antiga catedral.

O que representa a poesia italiana?

A Itália deu forma, som, graça e arrebatamento à poesia da Europa.

Como se movimentou sua poesia na Itália?

Li versos por toda a parte: em universidades, em anfi-teatros, para os portuários de Gênova, em Florença, Turim, Veneza. Lia poemas com infinito prazer diante de salas repletas. Depois, alguém repetia a estrofe em magnífico italiano, e eu gostava de ouvir meus versos com o resplendor da língua soberba.

Apreciou as mulheres e os olivais italianos?

Amei os olivais das terras secas da Itália, como amei as mulheres de lá, cujo generoso ventre continuam parindo delícias.

Os rios da Espanha cantam?

Os únicos verdadeiros rios da Espanha são seus poetas. Quevedo com suas águas verdes e profundas, de espuma negra. Calderón com suas sílabas que cantam. Os cristalinos versos de Góngora, rio de rubis.

Em que lugar de Madri morou?

Eu morava em um bairro que tinha sino, relógio e árvores. Dali se via o rastro do Castela. Minha casa era chamada de Casa das Flores, por todo canto havia girassóis.

PABLO NERUDA: UMA ENTREVISTA IMAGINADA

O que achou da igreja de marinheiros em Barcelona?

A Basílica de Santa Maria do Mar é escura, de pedra e cheia de barcos votivos. Como eu não sabia rezar, pedi a um amigo católico que o fizesse. Ele rezou em cada altar.

Como sentiu os sinos da Rússia?

Eu caminhava na neve da estepe. Silêncio e solidão. De repente, ouvi a voz da noite, as vozes do mundo. Era baixo e profundo som. Era um caudal da voz do céu.

O que diz do riso na China?

O povo chinês é um dos mais sorridentes do mundo. O sorriso das crianças chinesas é a mais bela colheita de arroz.

Foi bem acolhido em Pequim?

Fomos recebidos por Tien Ting, designado para receber Jorge Amado e a mim. Depois da visita cultural às belezas do lugar, comemos no mais exclusivo dos restaurantes do mundo, tão exclusivo que tem uma única mesa e é administrado pelos descendentes da casa imperial.

Como descreve Pequim?

Do alto, no voo, uma cidade alaranjada e verde.

Como sentiu o clima da Birmânia?

Um calor verde vivo.

Na Armênia se lembrou da história bíblica?

Sim. Vi o cume nevado do Monte Ararat, onde teria, após o dilúvio, pousado a Arca de Noé.

Conheceu o santuário de macacos na cordilheira do Cáucaso?

Vi no Instituto de Medicina Experimental todas as espécies de macacos do mundo. Macacos imensos e minúsculos, pelados e peludos, de caras reflexivas ou de olhos chamejantes e também os taciturnos ou despóticos. Macacos brancos, cinzentos, micos de traseiro tricolor. Vi grandes micos austeros e outros polígamos que não permitiam que nenhuma das suas fêmeas se alimentassem sem seu consentimento, permissão dada somente depois que eles devoravam, com solenidade, a sua própria comida.

Em sua visão, como era a Coreia antes da guerra?

Era um jardim ativo de novas flores que surgiam. A paz de seda, um manto verde, um lírio que elevava seu rápido relâmpago amarelo.

Você escreveu um poema falando sobre o regresso, a volta do astrônomo de sua estrela, da noite naval o marinheiro. De que regressa o poeta?

O poeta regressa, simplesmente, da espuma.

CORPO E ALMA

CONVIDO-O A FALAR
SOBRE CORPO E ALMA.

Sua alma não cabe no seu corpo. Por favor, pinte o seu autorretrato.

Está em um poema. Duro de matriz, mínimo de olhos, escasso de cabelos, pernas compridas, pele amarela, abdômen crescido.

Por favor, continue.

Fui confuso com palavras, trêmulo com as mãos, lento no andar, de coração inoxidável, aficionado às estrelas, a mares e terremotos. Admirador dos escaravelhos.

É um retrato em claro e escuro.

Fui ainda inspetor costumeiro, valente por necessidade, covarde sem pecado, alegre para dormir, poeta por maldição.

Algum autoelogio?

Já o fiz, mas vamos repetir. Fui chileno na perpetuidade, amigo dos meus amigos, mudo para mim mesmo, íntimo metido entre os pássaros.

Com o nascimento, a vida floresce?

No meu caso, a vida não começou quando nasci, começou quando intensamente amei.

Como você era no convívio humano?

Um chileno perpetuamente apaixonado pelas estrelas, amigo dos meus amigos, xereta entre os pássaros e salões. Além disso, audaz na solidão, arrependido sem objeto, administrador horrível, navegador em conversa, discreto entre os animais.

Dizem que o seu ego era descomunal.

Não respondia à crítica. Fui apenas um artesão que exercitou um ofício por longos anos com amor indelével. Em minha pátria, o ofício do poeta, a profissão da poesia.

Seu nome de origem é brando?

É possível. Já me chamei Neftali.

De que você se alimentava?

Fui onívoro. De sentimentos, de seres, de livros, de acontecimentos e lutas. Comeria toda a terra. Beberia todo o mar.

Você foi um homem generoso?

Fui generoso de amores.

Você era tímido?

Certamente, mas escondi com ferocidade a timidez.

Quem foi maior, o poeta ou o ser humano?

Perdoname. Por mais incrível que possa parecer, sigo sendo demasiado humano.

Você correu riscos de vida?

Muitas vezes, a poderosa morte me convidou, mas o convite era sempre negado.

Qual a cor de sua preferência?

É constante na minha poesia. Para mim a cor azul é a mais bela das cores. Tem a implicação do espaço humano, como a abóboda celeste em direção à liberdade e à alegria.

Você assistiu a algum jogo de futebol?

Certa vez, estive na arquibancada do Estádio San Carlos. Assisti ao São Paulo jogar. Durante a partida, escrevi um pequeno poema à Matilde, em que declarei o meu amor e pedi que entrasse nos meus olhos, no meu céu.

Você foi mudança?

Mudei de rumo, de emprego, de bar e de barco, de renda e mulher. Como deve saber, hoje sou imutável.

PABLO NERUDA: UMA ENTREVISTA IMAGINADA

Era um bom pagador?

A quem pagaremos a felicidade?

Acredita que você parecia consigo mesmo?

Tinha que ser eu mesmo a extensão da minha terra.

Qual a maior solidão?

A maior solidão está no espaço entre os astros.

A que se destinaram as suas mãos?

As minhas mãos aram sábias, tinham sabedoria cega.

Qual foi o seu principal ofício?

A plenitude da alma.

Cite um dos seus heróis.

Bolívar. Para ele escrevi um canto em forma de prece. Ele era, como eu, um pássaro. Só que ele sabia voar sobre vulcões.

Por que colecionava coisas exóticas?

Andava em busca de coisas novas, das pequenas coisas que fazem grande a vida.

O que ganhou com a malacologia?

Os caracóis deram-me o prazer de sua prodigiosa estrutura. A pureza lunar de uma porcelana misteriosa agregada à multiplicidade das formas táteis, góticas, funcionais. São tesouros auridos dos sete mares.

Então, considerava-se malacólogo?

Fui um amante dessa ciência. Devo confessar que não há colecionador honrado. Recolhi tesouros marinhos. Tive as espécies mais raras dos mares da China, das Filipinas, do Japão e do Báltico. Caracóis antárticos e cubanos. Para dizer a verdade, uma das poucas espécies que me faltaram foi a de um caracol do Mato Grosso brasileiro. Eu o vi certa vez e não pude comprá-lo nem viajar para a selva para apanhá-lo. Era totalmente verde, com uma beleza de esmeralda jovem.

Que destino deu às suas laboriosas coleções?

Certo dia, pensativo, presenteei a coleção de caracóis, que levei 20 anos para juntar, aqueles 5 mil volumes escolhidos por mim com o maior amor em todos os países, à minha pátria. Pertencem agora à Universidade do Chile, onde é melhor aproveitada.

Gostava de insetos em razão da entomofilia?

A vida esconde, nos seres mais simples, a sua grande beleza. Observei a sua utilidade, o seu comportamento e a mobilidade do corpo. Não esqueça que Neruda também foi um inseto da *nuestra* América.

Saudade é tida como uma singularidade em português. O que é?

Saudade é solidão acompanhada.

Que poderão fazer os inimigos do seu chão sagrado?

Poderão cortar todas as flores, mas não deterão a primavera.

BIOGRAFIA

VAMOS FALAR DE FATOS E FEITOS QUE
AJUDAM A COMPOR SUA BIOGRAFIA.

Por que elegeu o nome Paul?

Por amar Verlaine. *Les sanglots des violon blessent mon coeur...*

A quem presta homenagem o seu pseudônimo?

Ao poeta e romancista tcheco Jan Neruda. Ele conviveu bem com o nome de Neftalí Ricardo Reyes Basoalto, que me foi dado pelo batismo em 1904, na chilena Parral.

Você costumava brincar?

Em minha casa reuni joguetes pequenos e grandes, sem os quais não poderia viver. A criança que não brinca não é criança. Mas o homem que não brinca perdeu para sempre a criança que vivia nele e que fará muita falta. Edifiquei minha casa também como um joguete e brinquei nela da manhã à noite.

Você teve uma família brasileira?

Sob a luz perfurante, percorri com Jorge Amado os retorcidos becos de Salvador. Subimos ao avião saturados pelo cítrico aroma da Bahia, da emancipação marítima, do fervor estudantil. Deixamos lá embaixo, na pista do aeroporto, os Amado: o robusto Jorge, a sempre doce Zélia, Paloma e João. Minha família no Brasil.

Como foi o voo com os amigos brasileiros no avião indiano?

O avião estremecia, chovia dentro dele sob uma tempestade tropical. Era passageiro com Jorge Amado e Zélia. Vi a cara de Jorge passar de branco ao amarelo e do amarelo ao verde. O engraçado foi ver um monge abrir um guarda-chuva e continuar lendo seus textos de antiga sabedoria. Chegamos sem acidente à Birmânia, em Rangoon.

Tomou conhecimento de que a Academia Brasileira de Letras fez exposição em homenagem ao seu homônimo com apresentação do poeta Manuel Bandeira?

Disseram que a homenagem tinha sido para mim. A minha admiração pelo poeta tcheco era antiga, profunda e demonstrada. Então, um engano amável.

Não considerava infantil o seu ludismo, ou seja, a mania de acumular objetos?

Foram meus brinquedos, indispensáveis. Sem eles seria o mesmo que não brincar, não é mesmo?

Você tem sido tema, em variadas línguas e latitudes, de excelentes livros e teses universitárias. Sabia que isso iria acontecer?

Sempre imaginei que a minha voz nasceria de novo, talvez, noutro tempo sem tantas dores.

Na Isla Negra, entre suas coleções, havia uma garrafa com areias coloridas*. Seria de Tibau, no Rio Grande do Norte?

Um amigo me falou sobre isso. Eu não poderia viver sem essa obra de arte popular.

A que serviram seus prêmios literários?

Minha biblioteca passou a ser considerável. Por exemplo, minha inclinação para história natural encheu-se de grandiosos livros de botânica com iluminuras coloridas, de livros de pássaros, de insetos ou de peixes. In-fólios, de Dante. Até alguns Molière em edições limitadas, "*Ad usum Delphini*", dedicado ao filho do rei da França. Minhas prateleiras guardavam incunábulos e outros volumes que me comoviam. Quevedo, Cervantes e Góngora, em edições originais. Assim como Laforgue, Rimbaud e Lautréamont.

Você se considerava um intelectual vaidoso?

No meu caso, sempre tive a vaidade do artesão que exercita um ofício por longos anos com amor indelével.

Tornou-se doutor reconhecido pela Universidade de Oxford. Como recebeu a comunicação?

Surpreso e feliz. A proposição do título "*Honoris Causa*" foi do professor Robert Pring Mill, acadêmico e especialista em Canções, Literatura e Poesia Revolucionárias Latino-americanas. Depois, ele tornou-se um amigo que diria íntimo.

Como foi a cerimônia de doutoramento?

Compareci com Matilde à cidade histórica de Oxford. Os professores estavam com as expressivas vestes tradicionais. A patrona era Sua Majestade, a Rainha Elizabeth II. Outra surpresa: a cerimônia foi conduzida em latim. Inclusive, o diploma. O *Vinte Poemas de Amor e Uma Canção Desesperada* foi titulado em latim *Viginti Poemata Amatoria Cantumque Desperationis*.

PABLO NERUDA: UMA ENTREVISTA IMAGINADA

Como repercutiu essa homenagem em Oxford?

A solene cerimônia aconteceu em 9 de junho de 1965. Para minha alegria, compareceram muitos chilenos. Foi dito pela revista chilena *Santiago* que eu recebera a maior e mais estrondosa ovação acadêmica. *The Oxford Magazine* registrou que foi a primeira vez que um escritor latino-americano recebera tal honraria. E também publicou poemas meus, em inglês oxfordiano.

Soube que saboreou os mais nobres vinhos franceses em homenagem à poesia e à vitória contra o nazismo.

Passada a Segunda Guerra, na casa de Ehrenburg, em Moscou, saboreei vinhos da adega de Goebbels. Em Paris, provei um Mouton Rothchild, na casa de Aragon, adquirido por conta da Resistência, da qual ele foi líder.

Sempre teve um temperamento boêmio?

Eu gostava muito de festas e fui um grande apreciador de comidas e bebidas. Gostava de dançar, fumava cachimbo, bebia bastante, sobretudo vinho. Gostava de preparar festas com grande antecipação e detalhadamente. Qualquer reunião era desculpa para fazer um banquete. Eu me divertia buscando comidas especiais, imaginando pratos e sobremesas.

Confirma que teve um casamento submarino?

Sob as ondas me casei. Já não me lembro quais foram as minhas noivas de profundezas.

Por que usou outro pseudônimo?

Quando planejava fugir, incorporei o nome de Miguel Angel Asturias num passaporte dado por ele, então cônsul da Guatemala em Buenos Aires, o que possibilitou meu exílio em Paris.

PABLO NERUDA: UMA ENTREVISTA IMAGINADA

Onde está, chegou a saber sobre o filme *O Carteiro e o Poeta*, ganhador de emoções públicas e de um Oscar?**

Para nós, no espaço hoje vivido, não há segredos nem tempo. O saber é imediato.

Talvez, por conhecerem seu encantamento por ilhas, o filme teve por cenário Salinas, na Sicília.

Certamente por saber dos meus arrebatamentos pela Itália e atração pelas ilhas.

O ator Massimo Troisi, que interpretou *O Carteiro e o Poeta*, recusou fazer cirurgia cardíaca e morreu logo depois de terminado o filme.

Deixou tristeza, mas está onde eu estou.

A que atribui o nome da amada do carteiro ser Beatrice?

A uma bela sugestão de Dante Alighieri. Skármeta sabia da minha paixão pelos tercetos da *Divina Comédia*.

Você e Jesus Cristo usaram a linguagem metafórica. Por que razão ensinou ao carteiro* Mário fazer metáforas?

Para que pudesse seduzir Beatriz. Ele mesmo explicou que a poesia não pertence a quem escreveu, mas de quem dela precisa.

Gostou de ser representado por um francês, o excelente Phillipe Noiret?

Eu poderia ter nascido na França. Phillipe é mais carismático e elegante do que eu fui.

Um comunista no paraíso?

Lá, a ideologia não tem qualquer valor.

Por que tanta lembrança de sangue?

São íntimos meus os séculos mais velhos cobertos de pó e de sangue.

*Neruda e o carteiro

DIPLOMACIA

REVELEMOS UM POUCO DE SUA VIDA COMO DIPLOMATA.

Falemos um pouco de experiência diplomática. Que ganhou sendo diplomata?

Além do sustento, conheci lugares e pessoas admiráveis, fiz amizades enriquecedoras, tornei-me ainda mais íntimo da poesia. Senti-me cidadão do mundo.

Teve dificuldades financeiras?

Sim, algumas vezes, depois de superar a dificuldade de pagar meus alimentos, saia respirando como um Ministro Conselheiro.

A sua manutenção dependia principalmente da poesia?

Sempre. Inclusive, foi a causa da minha carreira diplomática.

Essa atividade consular consumia muito do seu tempo?

Havia pouco o que fazer. Tive tempo bastante para dedicar-me à poesia. Vivi a solidão de um estrangeiro. Por outro lado, tive o privilégio de conhecer personalidades. Uma delas foi Gandhi.

Alguma consequência pessoal em função de sua permanência como cônsul?

As mais significativas foram os casamentos. Em Singapura, casei-me com a javanesa Marusca (María Antonieta Hanegaar Vogelzanz). Em Madri, com a argentina Delia Del Carril, artista plástica. Finalmente, a felicidade chegou com Matilde Urrutia. Chilena, soprano.

O cônsul por vezes se disfarçava?

Somente em um Natal, em Buenos Aires. Fantasiei-me de Papai Noel. Nunca São Nicolau pareceu tão falso.

Qual a sua impressão do seu trabalho diplomático no território francês?

A verdade é que nunca fui talhado para ser um diplomático de carreira. Não possuía nenhum sentido do protocolo e gostava de me divertir sempre que era possível. Permaneci no cargo graças à gentileza do Ministério de Relações Exteriores do Chile.

Sabemos que seu país acolheu refugiados, fruto de sua gestão diplomática.

Em Paris, exerci a mais nobre das minhas missões, retirar espanhóis da prisão e enviá-los à minha pátria. Consegui embarcar para Valparaíso, em agosto de 1939, no navio Winnipeg, cerca de duas mil pessoas. Pescadores, camponeses, operários, intelectuais. A minha poesia, em sua luta, tinha conseguido encontrar um lar para eles. Eu me senti orgulhoso do meu país.

PABLO NERUDA: UMA ENTREVISTA IMAGINADA

Em Paris, aconteceu alguma coisa inesperada com você?

Muita coisa aconteceu comigo lá. Foi em Paris que recebi a notícia do Prêmio Nobel. No ano de 1939, fui designado cônsul em Paris. Lutei pela imigração espanhola. Em 1945, eleito senador pelo Chile, terminei exilado em Paris, de 1948 a 1952. Em 1971, fui nomeado embaixador do Chile na França. No entanto, minha saúde se deteriorou e fui obrigado a sofrer várias cirurgias. Tive de voltar ao meu país.

O que lembra do seu tempo no México?

Minha casa consular estava quase sempre repleta de gente, sentada ou em pé. Companheiros políticos, poetas, jornalistas, artistas, convidados ilustres ou simples curiosos que vinham para uma rápida visita. Era comum que a mesa estivesse constantemente posta para receber 15 ou até 20 pessoas no almoço.

O que destacaria do seu período como cônsul no México?

Iniciei um projeto para divulgar a imagem do Chile, fundando uma revista intitulada "Araucanía" e, na capa, estampei, com orgulho, uma imagem que representava as raízes do povo chileno: uma sorridente índia araucana. Porém, em vez de elogios, recebi represália do Ministério, que exigiu a mudança do título ou a suspensão imediata da publicação. O motivo era simples, o presidente chileno não queria que os mexicanos pensassem que éramos um país de indígenas.

O fenômeno artístico denominado muralismo mexicano influenciou o seu trabalho?

Orozco, Diego Rivera e Siqueiros usavam imensos painéis, tetos, paredes e muros para retratar cenas realistas de lutas e batalhas. Inspirei-me neles, ao popularizar a minha literatura, utilizando os muros da capital mexicana como meio de divulgação de poemas e ideias. Imediatamente, alguns jornais protestaram. Surgiu, então, uma acirrada polêmica, mas não me abalei.

LEMBRANÇAS DISPERSAS

Não vamos esquecer de suas lembranças dispersas.

Sabemos que azul é a sua cor favorita, mas qual foi a cor que influenciou sua vida?

Uma mulher, Violeta. De tanto amor, minha vida tingiu-se de violeta.

A casa da sua infância era ajardinada?

Tínhamos amapolas que pareciam borboletas imóveis, prontas a levantar voo.

São sempre douradas as espigas?

Quando à noite cavalgava em sua égua sombria, espalhava espigas azuis sobre o campo.

Você se surpreendeu com as cores de algum coleóptero?
Tinha cores furtadas de um arco-íris. O vermelho e o violeta, o verde e o amarelo.

Que pensava do criacionismo?
Não gostava de Huidobro. Tudo o que fez me parecia impuro.

Alguma vez o movimento de ancas lhe acrescentou um amor?
Amei uma clara loura como uma planta de ouro balançando o seu dom.

Há falhas no convívio humano?

Infelizmente, ainda não há medida para conter guerras e lutas, as compreensões e incompreensões amargas.

O que é uma ponte?

Meu pai, ferroviário, inspirou-me respeito por elas. Cito duas pontes. O viaduto do Malleco, no Sul do Chile, suspensa entre o verde astral das montanhas, alta, delgada e pura, como um violino de aço com suas cordas tensas, prontas para serem tocadas pelo vento. Outra, a imensa ponte sobre o rio Yang-tsé. Ela uniu a cidade de Chugking, que durante séculos era dividida pelo rio.

Conte-nos sobre a língua espanhola.

Explorei-a, alisando seus cabelos e sua barriga. Nessa intimidade nos fundimos. Ela vestiu o meu corpo.

As tesouras interferem na vida humana?

Separam mãe e filho. Serão, depois do corte umbilical, duas existências.

Tesouras merecem uma ode?

Se vivas fossem, sim, seriam pássaros ou peixes. Um peixe nadando em tecidos tempestuosos, um pássaro voando.

Sabia tocar piano?

Talvez, tocasse. Na infância, meu pai vivia em mobilidade permanente. Sonhava comprar um piano para dar prestígio à família. Nunca lhe foi possível.

Para que serve um piano?

O piano fecha a sua boca de bacia. Quando finda o concerto, o piano viaja no silêncio.

Qual foi a finalidade das suas meias bordadas?

Enfeitei-me dentro de belas meias. Meus pés passaram a ser dois peixes de lã, dois compridos tubarões azuis ultramares.

Foi criticado por ganhar dinheiro e viver bem?

Os críticos parecem reprovar que nós, poetas, tenhamos um nível melhor de vida. Eu os convidaria a se mostrarem orgulhosos de que os livros de poesia são impressos, vendidos e cumprem sua missão de preocupar a crítica. Celebrem, que os direitos autorais sejam pagos, e alguns autores, pelo menos, possam viver de seu santo trabalho.

As estrelas estavam no seu caminho?

Sempre costumava vigiar o céu noturno.

O que pensa dos indígenas mapuches?

Com objetos em minha casa La Sebastiana, celebrei seu povo. Em poema, disse que eles gastaram a lua que penteavam. É a misteriosa solidão do mundo. Os mapuches transformaram-se em atmosfera invisível.

Qual o significado das carrancas marinhas da sua coleção?

Lembravam as travessias encantadas. Quando sabiam que despertavam inveja, sorriam lisonjeadas.

Tinha predileção pela carranca chorona?

Maria Celeste, saudosa do Sena, esculpida em madeira de azinheira, com tantos anos de viagem, tornou-se morena para sempre. Acima das covinhas das faces, seus olhos de louça olhavam o horizonte. E, ainda que pareça estranho, esses olhos choravam todos os anos durante o inverno.

Por que usava taças verdes ou vermelhas?

Davam melhor sabor à água.

Crê no destino?

Meu destino não apontava para onde fui enviado.

Na terra construiu o seu destino?

Ao homem é proibido não criar sua história.

PABLO NERUDA: UMA ENTREVISTA IMAGINADA

O que é a verdade?

Nem Jesus Cristo respondeu. A verdade é que não há verdade.

Gosta de ter saudade?

Apenas sinto que a saudade é branca e doce. Ela esconde de mim o seu significado.

Você foi o porta-voz de esperanças alheias?

Não se pode ser feliz se não se luta pela felicidade dos demais. Haveria o remorso de termos algo, se os outros não o tiverem. O homem não pode ser uma ilha e ser feliz. Essa não é toda a minha filosofia, naturalmente, mas é o mais importante dela.

Tudo é relativo, inclusive a verdade e o erro, você concorda?

Os erros me levaram a uma relativa verdade, como repetidas vezes a verdade me conduziu ao erro.

Como vê o século XXI?

Nós, do século XX, lutávamos por um futuro com justiça e felicidade. Ainda espero paz e justiça universal no amanhã.

Como vê o futuro?

O povo encontrará a felicidade na convivência.

LIVROS E ESCRITORES

FALE-NOS DO SEU CONVÍVIO COM LIVROS E ESCRITORES.

Que expressam os seus livros?

São extensões do meu interior.

O que incorporou nos seus livros?

Fui onívoro de livros e de sentimentos.

Onde estão os grandes escritores do passado?

Foram-se todos, a casa está quase vazia.

Que escritor você destaca entre os que descreveram a Espanha?

Ramón Gómes de la Serna foi um dos maiores escritores de nossa língua. Tinha seu gênio a heterogênea grandeza de Quevedo a Picasso.

Quem foi Juan Ramón Jiménez?

Enfant terrible da poesia. Apesar de ser um poeta de grande esplendor, era invejoso e atacava quem lhe fizesse sombra. Entre as vítimas de Jiménez estavam os jovens Garcia Lorca, Alberti, Jorge Guillén e Pedro Salinas. Quanto a mim, nunca respondi a agressões.

E como definiria Federico Garcia Lorca?

Era o duende dissipador, a alegria centrífuga que recolhia no seio e irradiava como um planeta a felicidade de viver. Ingênuo e brincalhão, cômico e provinciano, músico singular, mímico esplêndido, impressionável e supersticioso, radiante e gentil. Nunca vi ninguém com tanta magia nas mãos, nunca tive um irmão mais alegre.

Gostou do poema de Lorca para sua filha?

Federico sempre surpreendia. O poema é lindo. Ela era uma espécie de ponto e vírgula.

Como foi a Guatemala com Asturias?

Ganhei a cidadania guatemalteca. Passei um tempo convivendo com Miguel Angel. Compreendemos que éramos irmãos.

Há bons escritores funcionários públicos?

Infelizmente, sombria é a situação dos escritores acorrentados — com as galés aos seus grilhões — ao banco dos réus da administração pública. Seus sonhos são quase sempre afogados por montanhas de papel timbrado e terríveis temores à autoridade e ao ridículo.

Como foi seu encontro com T. S. Eliot?

Emocionei-me, quando ele leu meus versos. Ninguém os compreendia melhor.

PABLO NERUDA: UMA ENTREVISTA IMAGINADA

Como percebia a linguagem de Rubén Dario?

Rubén Dario foi um grande elefante sonoro que rompeu todos os cristais de uma fase do idioma espanhol, para que entrasse em seu círculo o ar do mundo. E entrou.

O que aconteceu à língua espanhola com o *Don Quijote de la Mancha*?

Com a narração sobre *el ingenioso Hidalgo*, o idioma tornou-se outro, adquiriu elegância cortesã, perdeu a força selvagem de Gonzalo de Berceo, do Arcipreste. Perdeu a paixão genital que ardia em Quevedo. Esse manancial anterior dele com o homem inteiro, com sua grandeza, sua riqueza e seu transbordamento.

Como via Gabriela Mistral?

Exteriormente monástica, algo assim como uma madre superiora de uma ordem religiosa retilínea. Ela tinha uma cara de pão moreno que escondia uma grandiosa poesia.

Que fazia você lembrá-la?

Eu tinha uma carranca de proa parecida com Gabriela Mistral. Primeiro, ficou no jardim despertando paixão religiosa. Depois, mais perto de mim, junto da lareira.

Fale sobre Vicente Huidobro.

Foi um grande poeta. Tive por ele admiração poética sem simpatia. Foi difícil para mim falar mal de Huidobro, mas ele se julgava divino.

E Shakespeare?

Se Shakespeare tivesse conhecido Matilde, certamente dedicaria a ela o seu soneto CXXX.

PABLO NERUDA: UMA ENTREVISTA IMAGINADA

Como foi sua convivência com Graciliano Ramos?

Era um escritor revolucionário. Estamos juntos nas muitas fotografias de Zélia Gattai. Ele, Heloísa e eu.

Que romancista destacaria na América do Sul?

Muitos, saudáveis e generosos. Jorge Amado, Garcia Márquez, Juan Rulfo, Vargas Llosa, Sábato, Cortázar, Carlos Fuentes.

O que pensa sobre os escritores originais?

A originalidade delirante é uma fraude. Acredito na personalidade através de qualquer linguagem, de qualquer forma, de qualquer sentido na criação artística.

Você se achava parecido com algum animal?

Uma anta amazônica. Em um zoológico da Armênia, constatei a nossa semelhança. Esse animal com corpo de boi, cara nariguda e olhos mínimos, viu-me com um olhar de inteligência. Quem sabe, alguma vez, tínhamos nos encontrado no Brasil. No almoço oferecido pela Sociedade de Escritores Armênios, falei sobre o prazer de ver a anta brasileira nadando e de minha paixão pelos animais. Em resposta, o presidente dos escritores disse: "Que necessidade tinha de visitar nosso jardim zoológico? Na Sociedade de Escritores, pode encontrar todas as espécies. Aqui temos leões e tigres, raposas e focas, águias e serpentes, camelos e papagaios".

SENTIMENTOS ELEVADOS

ELEVEMOS OS SENTIMENTOS.

Você era um homem triste?

Tristeza? Por vezes. Dentro do seu porão, besouro de sete patas quebradas, ovo de aranha. Na vida definitiva não entra, não passa.

Era feliz?

Agora e no passado. Nós, os poetas, temos o direito de sermos felizes. "Pablo é um dos poucos homens felizes que conheci", disse Ilya Ehrenburg em um de seus trabalhos. Esse Pablo sou eu, e Ehrenburg não se enganou.

E os seus sonhos?

É proibido não transformar um sonho em realidade. *La vida es sueño*, ensina Calderón de la Barca.

Na humanidade, quem foi você?

Um pobre homem disposto a amar seus semelhantes.

Como tratava os invejosos?

Cantei a inveja que ri e rói.

As amargas, não?

As horas amargas da minha vida e da minha poesia chegaram e logo se foram.

Que fez o amanhecer com o seu coração?

A aurora encheu todas as taças com vinho.

De que cor era feito o dia em que sacralizou a amada?

O dia já nasceu azul, com uma asa branca na metade do céu. E o dia continuou azul até que entrou na noite como um rio com suas águas azuis. Por sua causa desceu do céu um relâmpago azul, e, sobre o mar, voava um peixe acertadamente azul.

DESPEDIDA

VAMOS NOS DESPEDIR.

Como conseguiu se salvar na vida?

Cada dia tratei de alimentar mais e eficazmente a minha própria loucura. Esse é o caminho da salvação.

Como sente a vida humana?

Continuo com uma visão romântica e dramática da vida.

Como percebia o eterno?

Respondi em um poema: com a mesma argamassa dos seres humanos, com a mesma matéria de nossa eternidade, perecíveis e nascedores, repetidos e novos. Eu tinha razão.

Uma mudança de tempo.

Aquele dia e aquela hora chegarão e deixarão tudo mudado. Não se saberá se ontem foi-se ou o que volta é o que não se passou.

Fez algum pedido antes de morrer?

Que não me fechassem os olhos. Necessitaria ainda deles para aprender.

Foi sua última vontade?

Não. Pedi para ser sepultado junto à Matilde na Isla Negra. Mais uma vez, aproveito para agradecer por atenderem a última vontade do meu corpo.

Muito obrigado por atender ao meu pedido, vir de tão longe à Natal e abrir seu coração para essas revelações.

Foi um prazer, muita coisa eu já havia dito. E hoje, para mim, não há mais tempo, nem distância. Meu tempo é quando, como disse meu amigo, um poeta do Brasil.

***

Aos poucos, lentamente, Neruda foi desaparecendo. Confundiu-se com a noite.

Sob a sua veste inconsútil, uma luz difusa.

No ar, uma fragrância floral, talvez, fosse da rosa azul que ele tanto amava.

POSFÁCIO

E a minha voz nascerá de novo,
talvez noutro tempo sem dores,
arderá de novo o meu coração
ardente e estrelado.

(Pablo Neruda)

Este trabalho resulta de uma experiência de leitura intensa da vida e obra poética de Pablo Neruda, revelando a preocupação fundamental de elaborar uma conversação que fornecesse subsídios para o mais íntimo e irreverente do poeta chileno. Tudo começou com a publicação de *Livro das Respostas* (Massao Ohno Editora, 1996), respondendo ao surrealista *Libro de las Preguntas* (1973), uma obra póstuma, com perguntas que Neruda escreveu ao longo de sua vida e publicadas na Argentina. Nela, questionam-se animais, coisas, figuras históricas, plantas, o sol, o mundo e a si mesmo. Simples e, talvez, confuso, das menores questões às mais inusitadas, o poeta rejeita regras e rótulos e nos apresenta um mundo fascinante com o magnetismo de sua linguagem.

Desafiando o enigma, Diogenes da Cunha Lima lançou o *Livro das Respostas*. Na época, foi muito bem recebido por críticos literários e intelectuais. No dizer do poeta e tradutor mineiro Ivo Barroso, "o livro foi para mim uma revelação, um deslumbramento. São respostas de uma imaginativa, ao mesmo tempo abrangente e detalhista, capazes de explorar os recantos mais inesperados das indagações nerudianas, trabalhadas em ecos e acordes, em correspondências sonoras e modulações sutis, que transcendem, de certa forma, o tom meramente indagativo da pergunta. Não se trata de uma disputa e sim de um diálogo de inteligências sensíveis, um canto e contracanto de duas vozes equivalentes, ambas empenhadas em transmitir aos leitores os diapasões mais extremos de sua sensibilidade."

O teatrólogo alagoano Altimar Pimentel deu ainda mais destaque ao livro de Diogenes da Cunha Lima com uma adaptação para o teatro com o título "Diálogos de Nuestra América". O texto-diálogo foi representado em João Pessoa, Natal e outras cidades nordestinas. Além dele, Danilo Guanaes compôs música dedicada ao livro.

Ainda sobre o livro-resposta, o professor e ensaísta pernambucano Edson Nery da Fonseca observou que o autor deixou-se impregnar pela atmosfera de magia e sonho dos poemas de Neruda. E disse mais: "Lançadas ao acaso, sem interlocutor determinado, as perguntas são marcadas pelo non sense, sobre o mundo circundante e também sobre si próprio. E, apesar do tom surreal, detecta-se uma profunda humanidade na obra de Neruda, muitas vezes amenizada em sua amargura pela brandura de Diogenes. Envolvido pelo sortilégio nerudiano, ele deu respostas que o poeta chileno jamais poderia prever".

Pablo Neruda consagrou-se como um dos maiores poetas da língua castelhana de todos os tempos. Sua poesia, sua vida e seu pensamento têm uma estrutura circular de completa busca afirmativa e humanizadora, valorizando a busca da felicidade e da alegria. Trazendo a visão do mundo e da vida, ele canta o amor, a esperança, a justiça. Fala do mar e da liberdade como bálsamos e respostas para corações escuros. Privilegia os contatos humanos, acreditando que não há poesia sem eles, e destaca, ainda, que a sociedade humana e seu destino são matérias sagradas para o poeta.

A arte de Neruda está cheia de poemas de amizade, que se torna um dos temas principais, depois do motivo central do amor. Suas poesias relacionam-se com a terra, o tempo e o homem. A temática é absorvida da sua vivência. Também teceu em sua literatura os paradoxos da condição humana, que trata da solidão e da solidariedade, da subjetividade e da ideologia. É vastíssima a sua obra, reunida em cerca de 40 volumes dedicados somente às criações poéticas.

PABLO NERUDA: UMA ENTREVISTA IMAGINADA

Poeta consagrado, Diogenes da Cunha Lima teve, recentemente, seu trabalho aplaudido pelo português António Salvado, um dos maiores nomes literários contemporâneos: "Devo salientar o domínio do poema, na medida em que este jamais se aproxima da prosa, numa rítmica amplificação encantadora". Profundo conhecedor do mundo nerudiano, o autor preparou-se de corpo e alma para realizar esses livros em torno do poeta chileno. Visitou o Chile, falou com pessoas, conheceu lugares onde o poeta viveu, vivenciou aproximações com a alma do poeta e leu e releu a sua obra. Dessa dedicação, resultaram dois livros curiosos, diferentes, instigantes.

As respostas de *Pablo Neruda: uma entrevista imaginada* decorrem do que o autor imaginou que o poeta dissesse e o aproveitamento de seus textos, confessionais ou não, registrados em livros, biografias, notícias de periódicos, entrevistas, na internet. A sua paixão por Neruda, certamente, levou-o a atribuir-lhe frases e conceitos. Obra leve, sem preocupação acadêmica, não despreza a política, as dores compartilhadas pelo poeta, o sofrimento humano, as posições ideológicas. Apenas deixa outros tratarem desses assuntos.

O livro possui particularidades instigantes, como o fato de ser um diálogo entre dois poetas distanciados no tempo e no espaço, mas próximos pela sensibilidade poética de cada um. Brasil e Chile dialogam por meio de dois poetas que expõem as suas inquietações. O encontro, mesmo ficcional, de Diogenes e Neruda é afetuoso, original e virtuoso. Encanta o leitor.

Antonio Nahud
(Jornalista, escritor e ensaísta).

REFERÊNCIAS

BARBOSA José Túlio. **Manhãs marinhas:** Tributo a Neruda. 2. ed. [*S. l.*]: Edit Text, 1998.

BECCO, Horacio Jorge. **Pablo Neruda:** bibliografia. Buenos Aires: Casa Pardo, 1975.

BRIONES, Edmundo Olivares. **Pablo Neruda:** los caminos del mundo. Santiago do Chile: LOM, 2004.

CASAS de Pablo Neruda. **Diogenes Memória Cultural**, [*S. l.*], 2015. Disponível em: http://diogenesdcl.blogspot.com/2015/08/as-casas-de-pablo-neruda.html/ www.youtube.com/watch?v=ylY43jcjIjU. Acesso em: 10 mar. 2022.

CHICO Buarque e João do Vale. "Carcará". [*S. l.: s. n.*], 1982. 1 vídeo (2min 19seg). Publicado pelo canal: Calulinho. Disponível em: https://www.youtube.com/watch?v=4L0DInKUnzc. Acesso em: 19 mar. 2022.

CORRUPIÃO e seus filhotes no jardim de casa. [*S. l.: s. n.*], [2021]. 1 vídeo (4min 45seg). Publicado pelo Canal Vida de Pássaros. Disponível em: https:// www.youtube.com/watch?v=a2bHaeAz8oY. Acesso em: 19 mar. 2022.

FACIO, Sara. **Pablo Neruda:** su vida en 150 Fotografias. [*S. l.*]: La Azotea, 1988. (Coleção: Lo Nuestro).

LIMA, Diogenes da Cunha. **O livro das respostas:** em face ao Libro de las preguntas de Pablo Neruda. 2. ed. Rio de Janeiro: Lidador, 2002.

MELLO, Thiago. Los Estatutos del Hombre: una celebracion de la vida. Tradução de Pablo Neruda. Vergara & Riba Editoras, 2001, Argentina.

MARCHA Nupcial. Lohengrin R. Wagner. [*S. l.: s. n.*], 2005. 1 vídeo (4min 37seg). Publicado pelo canal: Voces para la Paz. Disponível em: https://www.youtube.com/channel/UCqAQ2_y2SGoZ6EPb1j68A_w. Acesso em: 19 mar. 2022.

Moraes, Vinícius de. **História natural de Pablo Neruda:** a elegia que vem de Longe. São Paulo: Companhia das Letras, 2006.

NERUDA, Pablo. **Antologia poética.** 25. ed. Tradução de Eliane Zagury. Rio de Janeiro: José Olympio, 2021.

NERUDA, Pablo. **Antologia poética de Pablo Neruda:** poemas de amor. Selección e prólogo de Óscar Hahn. Santiago do Chile: Universitaria, 2019. (Edição especial).

NERUDA, Pablo. **Confesso que vivi:** memória. 39. ed. Tradução de Olga Savary e Luis Carlos Cabral. Rio de Janeiro: Bertran Brasil, 2019.

NERUDA, Pablo. **Últimos poemas (O mar e os sinos).** Tradução de Luiz de Miranda. Porto Alegre: L&PM, 2019.

NERUDA, Pablo. **Cem sonetos de amor.** Tradução de Carlos Nejar. Porto Alegre: L&PM, 2017.

NERUDA, Pablo. **Para nacer he nacido.** Barcelona: Seix Barral, 2015.

NERUDA, Pablo. **Arte de pássaros.** Tradução de José Eduardo Degrazia. Rio de Janeiro: José Olympio, 2010.

NERUDA, Pablo. **Canto general.** Enrico Mario Santí (ed.). Madrid: Cátedra, 2008.

NERUDA, Pablo. **Crepusculário.** Tradução de José Eduardo Degrazia. Porto Alegre: L&PM, 2007.

NERUDA, Pablo. **Memorial de Isla Negra.** Tradução, notas e apresentação de José Eduardo Degrazia. Porto Alegre: L&PM, 2007.

NERUDA, Pablo. **Cantos cerimoniais.** Tradução de José Eduardo Degrazia. Porto Alegre: L&PM, 2005.

NERUDA, Pablo. **Pelas praias do mundo.** 3. ed. Tradução de Mario Pontes. Rio de Janeiro: Bertrand Brasil, 2005.

NERUDA, Pablo. **O coração amarelo.** Tradução de Olga Savary. Porto Alegre: L&PM, 2004.

NERUDA, Pablo. **Residência na terra I.** Tradução de Paulo Mendes Campos. Porto Alegre: L&PM, 2004.

NERUDA, Pablo. **Veinte poemas de amor y una canción desesperada:** los Versos del Capitán. Madrid: Ediciones El Pais, 2002.

NERUDA, Pablo. **The book of questions.** 2. ed. Translated by William O'Daly. Port Townsend: Copper Canyon Press, 2001.

NERUDA, Pablo. **A Barcarola**. Tradução de Olga Savary. Porto Alegre: L&PM, 1998.

NERUDA, Pablo. **Antología fundamental.** Barcelona: Andrés Bello, 1997. (Seleção de Jorge Barros e Prólogo de Jaime Quezada).

NERUDA, Pablo. **Os versos do Capitão.** 3. ed. Tradução de Thiago de Mello. Rio de Janeiro: Bertrand Brasil, 1997.

NERUDA, Pablo. **Libro de las preguntas.** Barcelona: Seix Barral, 1980. (Obra póstuma).

NERUDA, Pablo. **As uvas e o vento.** Tradução de Carlos Nejar. Porto Alegre: L&PM, 1979.

NERUDA, Pablo. **La espada encendida.** 3. ed. Buenos Aires: Losada, 1974.

NERUDA, Pablo. **Discurso de Stockholm.** Alpignano: Tallone, 1972.

NERUDA, Pablo. **Obras completas.** 3. ed. aum. Buenos Aires: Losada, 1967.

NERUDA, Pablo. **Nuevas odas elementales.** Buenos Aires: Losada, 1955.

NERUDA, Pablo. **Odas elementales.** Buenos Aires: Losada, 1954.

NERUDA, Pablo. **España en el corazón:** himno a las glorias del Pueblo en la Guerra. Santiago: Ercilla, 1937.

O POETA (Pablo Neruda) ensina ao carteiro o que é uma metáfora. [*S. l.: s. n.*], [2014]. 1 vídeo (3min 08seg). Publicado pelo canal: Marta Cardin. Disponível em: https://www.youtube.com/watch?v=T2ggLTEDnzg Acesso em: 10 mar. 2022.

PIMENTEL, Altimar. **Diálogos de nuestra América.** [*S. l.*]: Golfinho, [1998]. Palestra proferida na UFRN em 1998.

PINTASSILGO da Venezuela cantando muito 2020 - Red Siskin training song. [*S. l.: s. n.*], [2020]. 1 vídeo (2h 13min 19seg). Publicado pelo canal: Finch VN. Disponível em: https://www.youtube.com/watch?v=Sf3Zk3euiLY. Acesso em: 19 mar. 2022.

SOM de chuva e das ondas do mar para relaxar, meditar e dormir. Ultra HD. [*S. l.: s. n.*], [2016]. 1 vídeo 4K (4h 16min 04seg). Publicado pelo canal: Cassio

Toledo. Dormir e Relaxar. Disponível em: https://www.youtube.com/playlist?list. Acesso em: 19 mar. 2022.

TEITELBOIM, Volodia. **Neruda.** 2. ed. Edición revisada y actualizada. Santiago de Chile: Editorial Sudamericana Chilena, 1996.

URRUTIA, Matilde. **Mi vida junto a Pablo Neruda.** Barcelona: Seix Barral, 1987.

VARAS, José Miguel. **Nerudiano.** Barcelona: Planeta, 1999.

VERGARA, Abraham Quezada (Seleccón). **Pablo Neruda:** epistolário viajero. Santiago do Chile: EII Editores, 2004.

VÉLIZ, Gustavo Donoso; Guajardo, Luis Opazo. **Guia de la poesia erótica en Chile.** Santiago: LOM Ediciones, 2000.